IN CHE CONSISTE LA TECNICA DEI 101 DESIDERI

La tecnica dei 101 desideri affonda le sue origini nell'antico oriente.

Se ne parla nel libro "The Aladdin Factor" di Jack Canfield e M. Hansen, sfortunatamente non tradotto in italiano.

In Italia è conosciuta grazie a Igor Sibaldi, scrittore e saggista, che spiega diffusamente la tecnica e le sue regole in alcuni video visibili su You Tube.

Non si tratta di magia: questa è una semplice tecnica che ci consente di aprire gli occhi e cogliere le occasioni che l'universo ci offre.

COME PROCEDERE

La prima parte del quaderno contiene le pagine dove vanno scritti 150 desideri.

Una volta riempite le pagine, da questi 150 desideri scartatene 49.

I 101 desideri restanti ricopiateli uno per uno nelle pagine dedicate e rileggeteli ogni giorno.

Queste pagine contengono una colonna con dei quadratini: man mano che i vostri desideri si avverano potrete mettere un segno di spunta.

I desideri realizzati possono essere rimpiazzati da desideri totalmente nuovi, o ripescati tra i 49 scartati in precedenza, che potete scrivere nelle pagine «Altri desideri».

Tirare fuori 150 desideri può essere difficile: per aiutarvi abbiamo inserito nelle ultime pagine 15 vision board dove potrete incollare ritagli di giornale con frasi e immagini (vi consigliamo di dare un’occhiata agli esempi su Pinterest) che vi aiuteranno a restare motivati e focalizzati sui vostri obiettivi.

LE REGOLE

- Cominciate i desideri con “Io voglio”.
- Astenetevi dall'esprimerli sotto forma di negazioni (il “non” è vietato).
- Ciascun desiderio deve contenere massimo 14 parole: andate dritto al punto.
- Evitate di esprimere desideri simili tra loro (io voglio la casa a Milano, io voglio la casa a Londra).
- Orientate il vostro desiderio direttamente a obiettivi e cose e non ai soldi che vi servono per ottenerli.
- Non esprimete i desideri facendo confronti con altri: i desideri sono solo i vostri.
- Evitate i desideri astratti, siate specifici.
- Non utilizzate vezzeggiativi o diminutivi.
- Non esprimete desideri per altre persone, semmai esprimete il desiderio di poter essere voi ad aiutare una determinata persona.
- Non esprimete desideri relativi a relazioni sentimentali o sessuali.

150 DESIDERI

1

2

3

4

5

6

7

8

9

10

11

12

13

14

15

150 DESIDERI

16	
17	
18	
19	
20	
21	
22	
23	
24	
25	
26	
27	
28	
29	
30	

150 DESIDERI

31

32

33

34

35

36

37

38

39

40

41

42

43

44

45

150 DESIDERI

46	
47	
48	
49	
50	
51	
52	
53	
54	
55	
56	
57	
58	
59	
60	

150 DESIDERI

61

62

63

64

65

66

67

68

69

70

71

72

73

74

75

150 DESIDERI

76

77

78

79

80

81

82

83

84

85

86

87

88

89

90

150 DESIDERI

91

92

93

94

95

96

97

98

99

100

101

102

103

104

105

150 DESIDERI

106

107

108

109

110

111

112

113

114

115

116

117

118

119

120

150 DESIDERI

121

122

123

124

125

126

127

128

129

130

131

132

133

134

135

150 DESIDERI

136

137

138

139

140

141

142

143

144

145

146

147

148

149

150

altri DESIDERI

Note

Note

101 DESIDERI

REALIZZATO

1		☐
2		☐
3		☐
4		☐
5		☐
6		☐
7		☐
8		☐
9		☐
10		☐
11		☐
12		☐
13		☐
14		☐
15		☐

101 DESIDERI

REALIZZATO

16		☐
17		☐
18		☐
19		☐
20		☐
21		☐
22		☐
23		☐
24		☐
25		☐
26		☐
27		☐
28		☐
29		☐
30		☐

101 DESIDERI

REALIZZATO

31		☐
32		☐
33		☐
34		☐
35		☐
36		☐
37		☐
38		☐
39		☐
40		☐
41		☐
42		☐
43		☐
44		☐
45		☐

101 DESIDERI

		REALIZZATO
46		☐
47		☐
48		☐
49		☐
50		☐
51		☐
52		☐
53		☐
54		☐
55		☐
56		☐
57		☐
58		☐
59		☐
60		☐

101 DESIDERI

REALIZZATO

61		☐
62		☐
63		☐
64		☐
65		☐
66		☐
67		☐
68		☐
69		☐
70		☐
71		☐
72		☐
73		☐
74		☐
75		☐

101 DESIDERI

REALIZZATO

76		☐
77		☐
78		☐
79		☐
80		☐
81		☐
82		☐
83		☐
84		☐
85		☐
86		☐
87		☐
88		☐
89		☐
90		☐

101 DESIDERI

REALIZZATO

91		☐
92		☐
93		☐
94		☐
95		☐
96		☐
97		☐
98		☐
99		☐
100		☐
101		☐

Note

altri DESIDERI

REALIZZATO

		☐
		☐
		☐
		☐
		☐
		☐
		☐
		☐
		☐
		☐
		☐
		☐
		☐
		☐
		☐

Altri DESIDERI

REALIZZATO

altri DESIDERI

REALIZZATO

- [ ]
- [ ]
- [ ]
- [ ]
- [ ]
- [ ]
- [ ]
- [ ]
- [ ]
- [ ]
- [ ]
- [ ]
- [ ]
- [ ]
- [ ]

altri DESIDERI

REALIZZATO

☐

☐

☐

☐

☐

☐

☐

☐

☐

☐

☐

☐

☐

☐

☐

altri DESIDERI

REALIZZATO

☐
☐
☐
☐
☐
☐
☐
☐
☐
☐
☐
☐
☐
☐
☐

Obiettivi

Viaggi

Frasi motivazionali

Soldi

Relazioni

Benessere

Carriera/Studio

Obiettivi

Viaggi

Frasi motivazionali

Soldi

Relazioni

Benessere

Carriera/Studio

Obiettivi

Viaggi

Frasi
motivazionali

Soldi

Relazioni

Benessere

Carriera/Studio

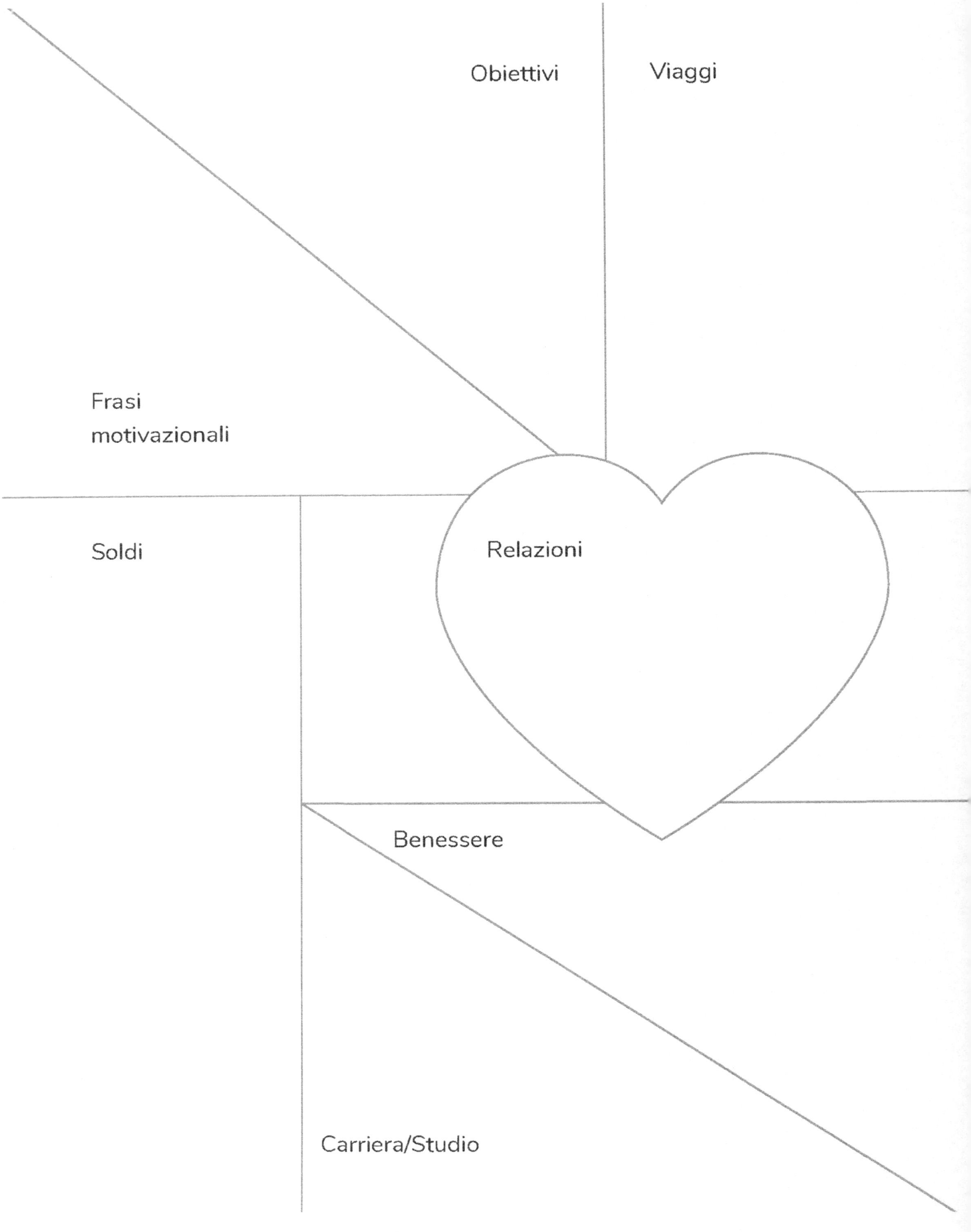
Obiettivi
Viaggi
Frasi motivazionali
Soldi
Relazioni
Benessere
Carriera/Studio

Obiettivi

Viaggi

Frasi motivazionali

Soldi

Relazioni

Benessere

Carriera/Studio

Obiettivi

Viaggi

Frasi motivazionali

Soldi

Relazioni

Benessere

Carriera/Studio

Obiettivi

Viaggi

Frasi motivazionali

Soldi

Relazioni

Benessere

Carriera/Studio

Obiettivi

Viaggi

Frasi motivazionali

Soldi

Relazioni

Benessere

Carriera/Studio

Obiettivi

Viaggi

Frasi motivazionali

Soldi

Relazioni

Benessere

Carriera/Studio

Obiettivi

Viaggi

Frasi motivazionali

Soldi

Relazioni

Benessere

Carriera/Studio

Obiettivi

Viaggi

Frasi motivazionali

Soldi

Relazioni

Benessere

Carriera/Studio

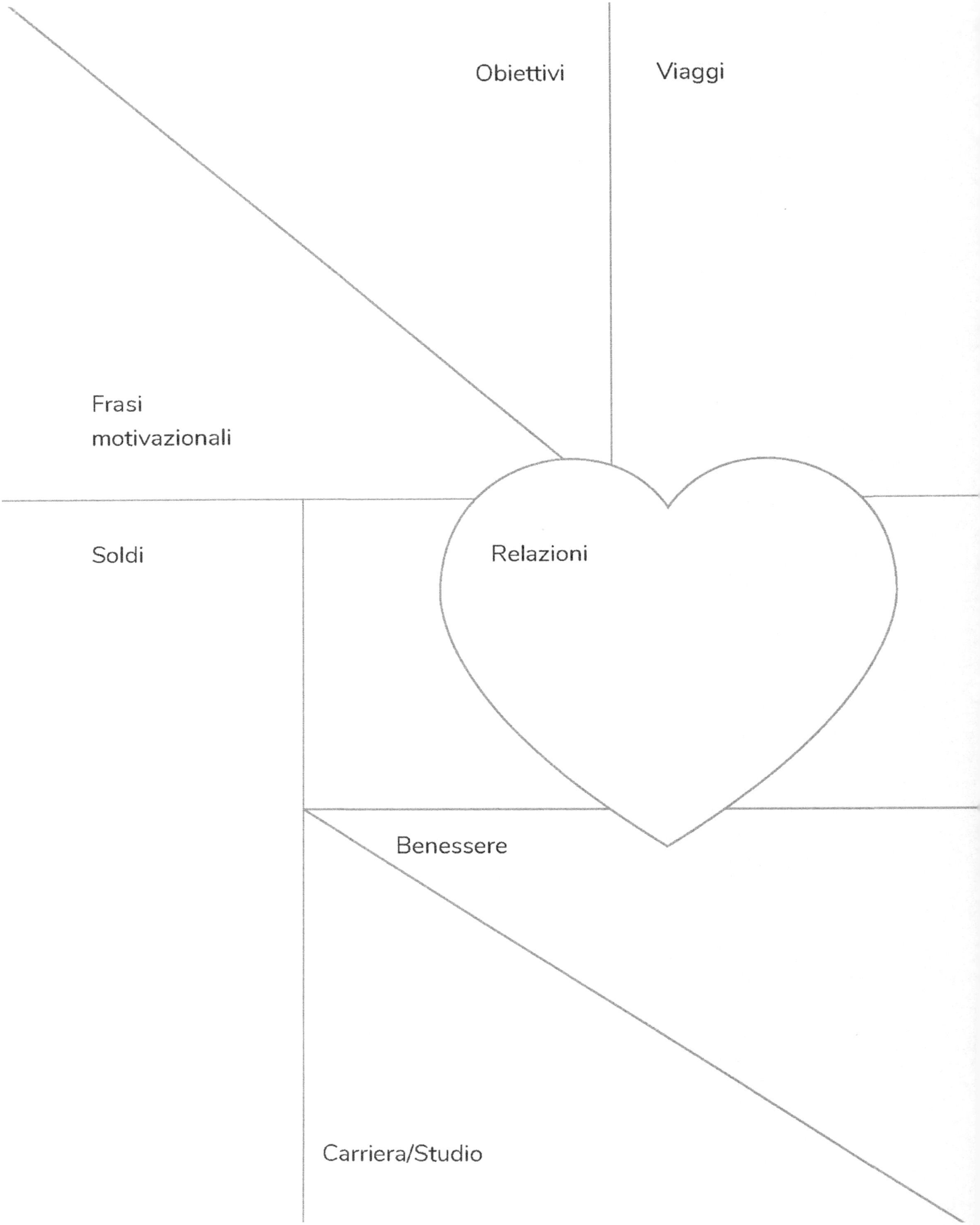
Obiettivi
Viaggi
Frasi motivazionali
Soldi
Relazioni
Benessere
Carriera/Studio

Obiettivi

Viaggi

Frasi
motivazionali

Soldi

Relazioni

Benessere

Carriera/Studio

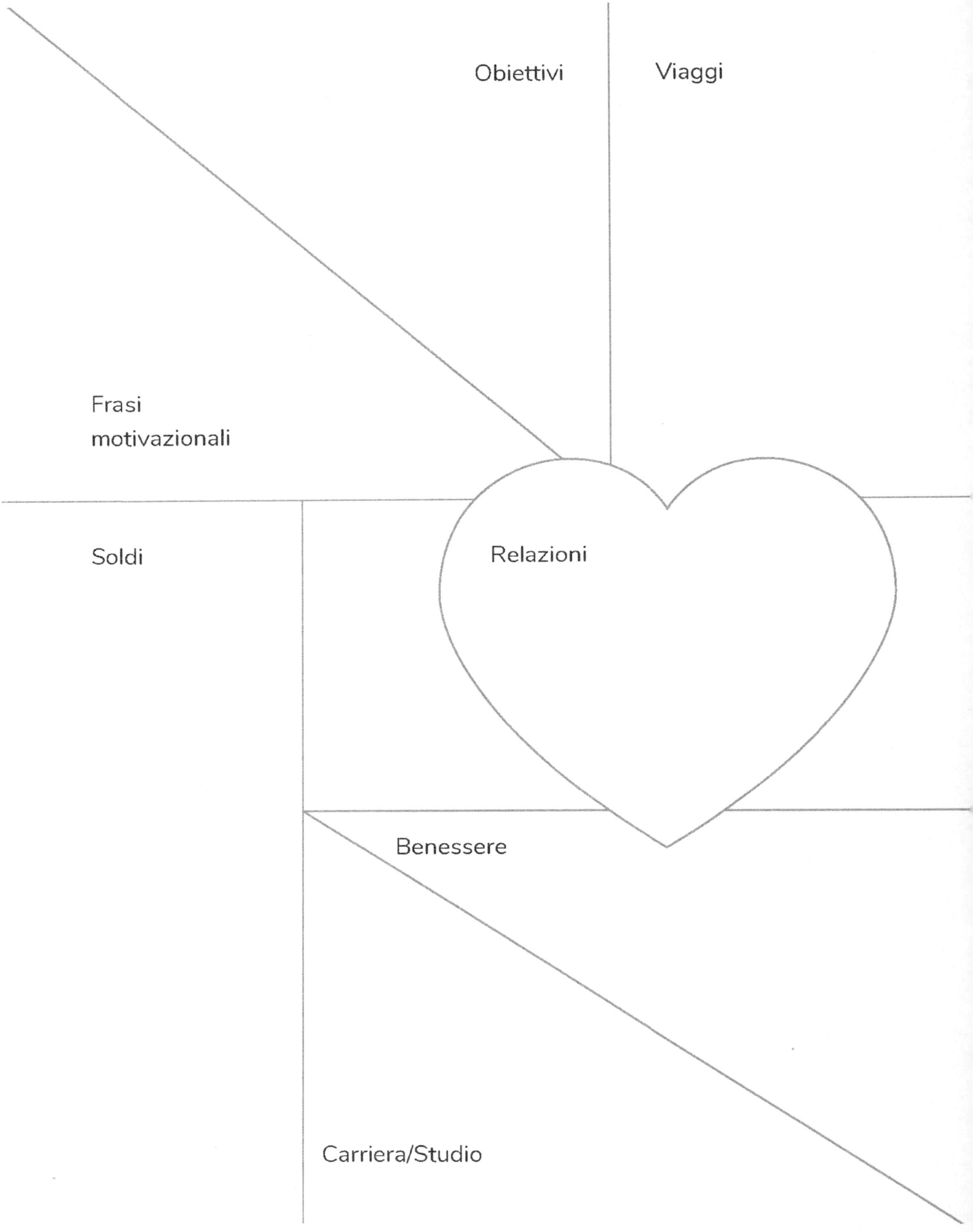
Obiettivi
Viaggi
Frasi motivazionali
Soldi
Relazioni
Benessere
Carriera/Studio

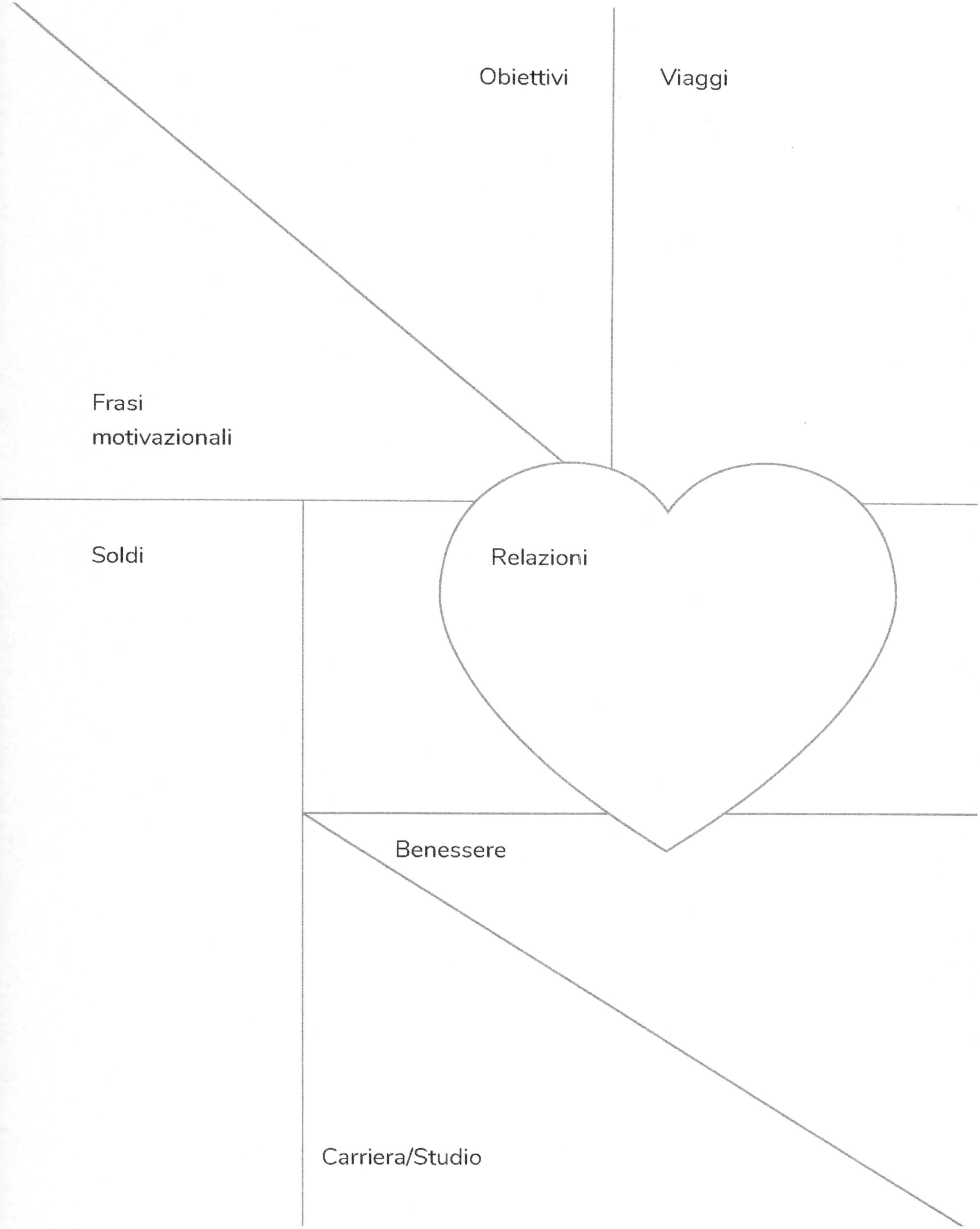
Obiettivi
Viaggi
Frasi motivazionali
Soldi
Relazioni
Benessere
Carriera/Studio

Obiettivi

Viaggi

Frasi motivazionali

Soldi

Relazioni

Benessere

Carriera/Studio

Bibliografia:
Il mondo dei desideri di Igor Sibaldi
The Aladdin Factor di Jack Canfield e M. Hansen

Printed by Amazon Italia Logistica S.r.l.
Torrazza Piemonte (TO), Italy

52579481R00027